Klassenausflug in den Zoo – Reimwörter erkennen und zuordnen

Anna und Leon machen mit ihrer Klasse einen Ausflug in den Zoo. Am Eingang gibt es einen Teich.

„Schau mal, da sind Fische!", ruft Leon. Anna muss lachen. Sie hat Leon falsch verstanden.

Es gibt Wörter, die ähnlich klingen. Diese Wörter nennt man **Reimwörter**. Oft unterscheiden sich Reimwörter nur durch ihren **Anfangsbuchstaben**. Sprich die Wörter deshalb immer deutlich aus, sonst verändert sich ihre Bedeutung.

Beispiel: **F**isch – **T**isch

1 Reimwörter erkennen
Was reimt sich? Kreise ein.

2 **Reimwörter finden**

Finde das passende Reimwort. Die Buchstaben helfen dir dabei. Schreibe das Reimwort auf.

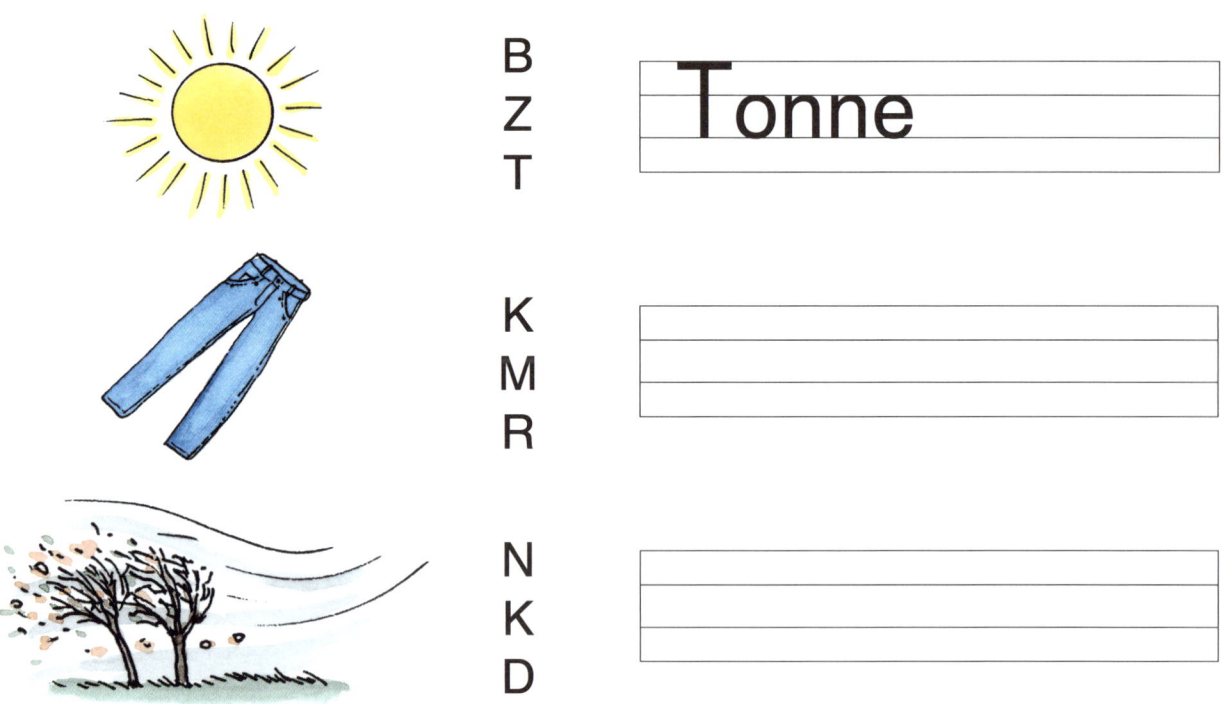

B
Z
T

Tonne

K
M
R

N
K
D

3 **Diktat**

Höre dir das Diktat Nr. 1 an. Ergänze die unvollständigen Sätze mit dem passenden Reimwort. Kreuze an.

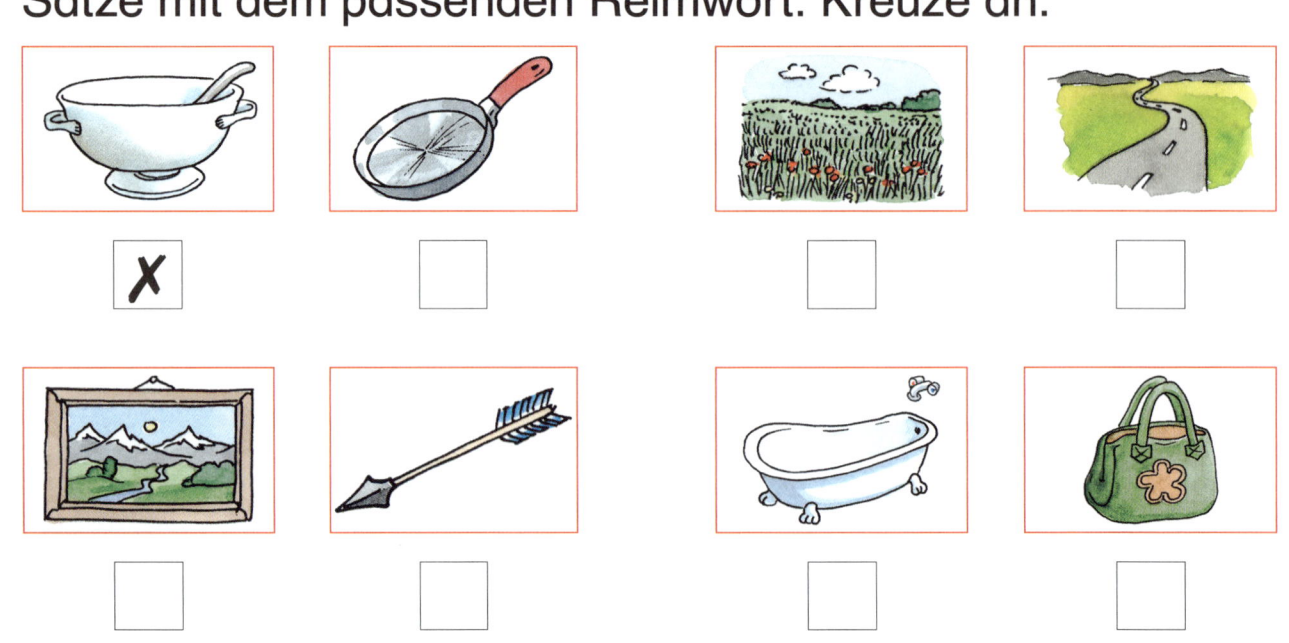

Tiere im Zoo – Anfangslaute hören und unterscheiden

Im Zoo beobachten Anna und Leon viele Tiere.
Sie stellen fest, dass einige Tiere mit dem gleichen
Buchstaben beginnen.

Jedes Wort hat einen **Anfangslaut**. Wenn du deutlich sprichst,
kannst du ihn hören. Man nennt ihn auch **Anlaut**.

4 **Anfangslaute hören**
Sprich die Wörter in jeder Reihe genau. Welches Wort
passt nicht in die Reihe? Streiche das Bild durch.

5 **Anfangslaute erkennen**
Markiere die Anfangsbuchstaben mit einem gelben Stift.

Elefant

Löwe

Papagei

Krokodil

Lama

Tiger

6 **Welches Tier ist das?**

Plötzlich kommt ein Tier auf die Klasse zugelaufen.
Es ist schwarz und weiß und hat kurze Beine.

Finde mit den Anlauten heraus, welches Tier es ist.

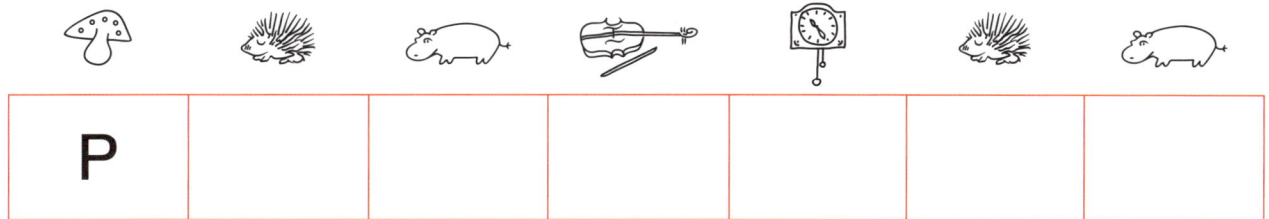

P						

Und welche Tiere sind das?

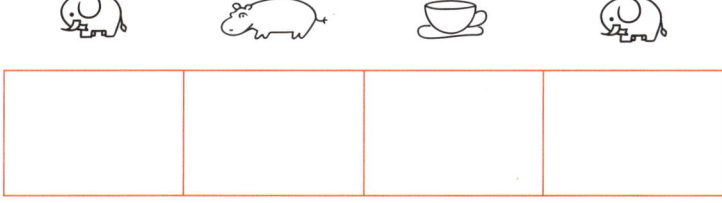

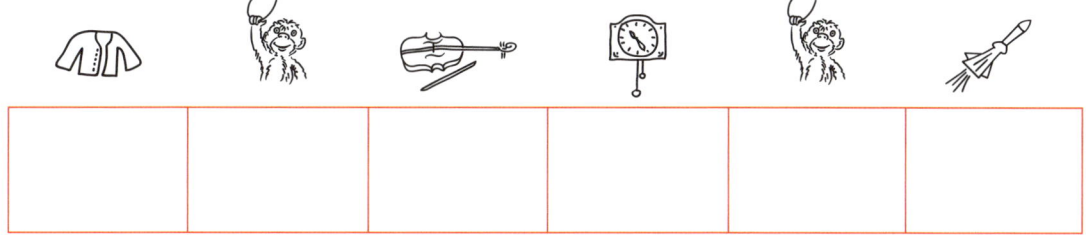

7 **Anfangslaute zuordnen**

Im Affenhaus ist Fütterung. Alle Affen stürzen sich gierig auf das Futter.

Finde die Anfangsbuchstaben der Obst- und Gemüsesorten und verbinde richtig.

8 **Diktat**

Höre dir das Diktat Nr. 2 an. Sprich die Tiere genau nach und trage ihre Anfangsbuchstaben in die Kästchen ein.

E		K		L		P	
1	2	3	4	5	6	7	8

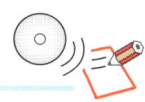

Picknickpause – Laute hören und unterscheiden

Die Kinder haben Hunger. Sie machen eine Pause und picknicken. Leon möchte sich am Kiosk ein Brötchen mit Salami kaufen. Weil die Klasse so laut ist, versteht die Verkäuferin Leon nicht richtig. Er spricht laut und deutlich.

Jedes Wort hat eine bestimmte Anzahl von Lauten.

Wenn du das Wort deutlich aussprichst, kannst du sie hören.

Beispiel: **S – a – l – a – m – i**

Dieses Wort hat 6 Laute.

Tipp!
Sprich die Laute langsam und deutlich aus, um sie alle hören zu können.

9 **Laute erkennen**

Sprich die Lebensmittel deutlich aus. Male Lautketten dazu. Jede Kugel entspricht einem Laut.

Beispiel:

◯◯◯◯◯◯

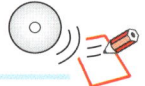
10 Lautketten zuordnen

Trage die Wörter in die Lautketten ein.

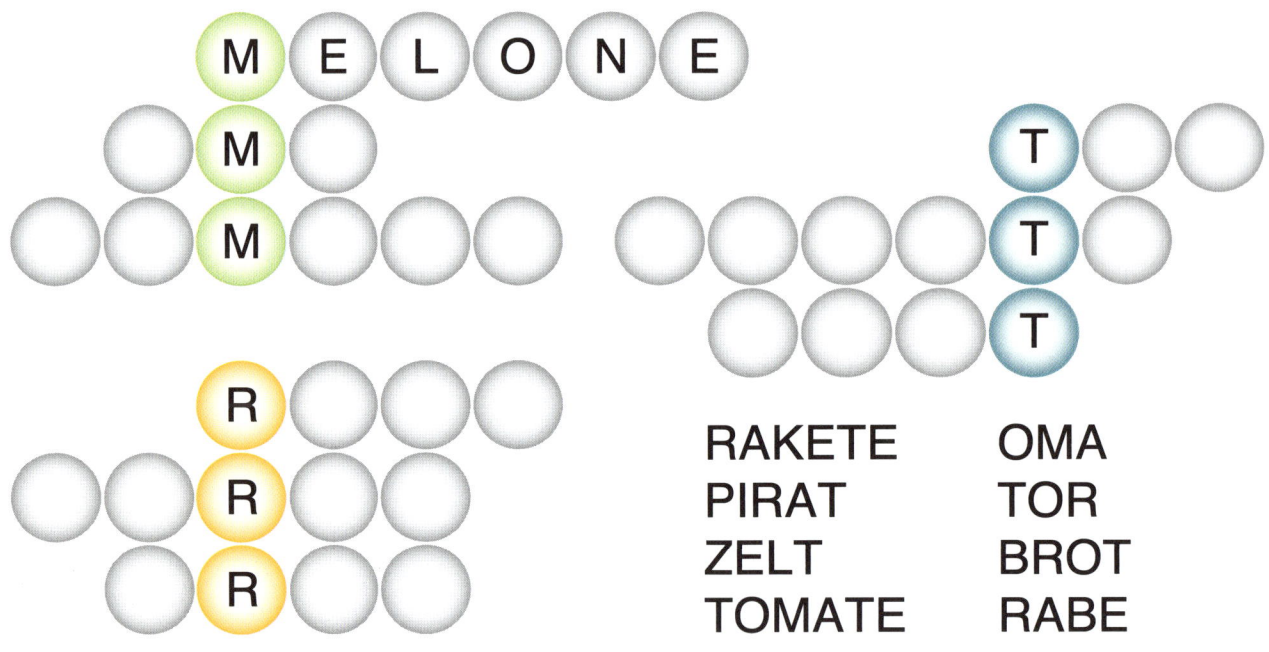

RAKETE   OMA
PIRAT   TOR
ZELT   BROT
TOMATE   RABE

11 Knobelaufgabe

Findest du zu jeder Lautkette ein Wort? Trage es ein.

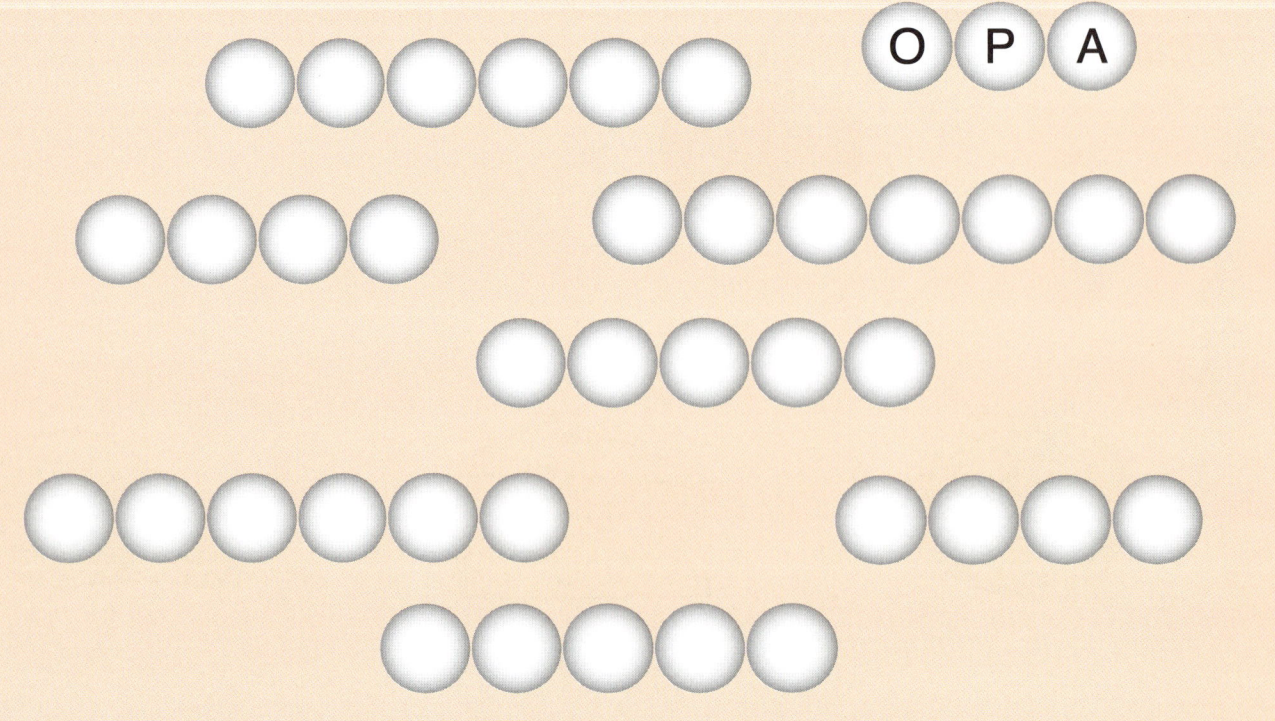

12 **Diktat**

Höre dir das Diktat Nr. 3 an. Sprich die Wörter deutlich nach und kreuze in den Fischen an, wo du den vorgegebenen Laut hörst.

Beispiel: R

P

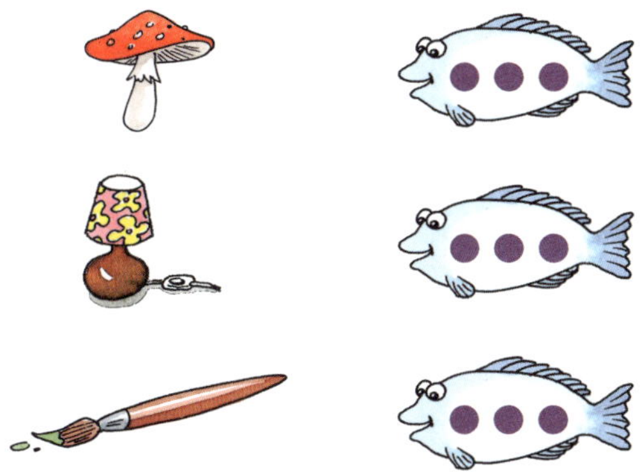

K

T

N

13 **Diktat**

Höre dir das Diktat Nr. 4 an. Sprich deutlich nach und schreibe die Wörter in dein Heft.

Robbenvorführung – Selbstlaute hören und unterscheiden

Als Nächstes sieht sich die Klasse die Vorführung der Robben an. Als die Tiere durch Reifen springen, ruft Anna „Aah!" und Leon „Ooh!". „Iih!", quietscht Maria, weil etwas Wasser aus dem Becken spritzt.

Die Laute **A**, **E**, **I**, **O** und **U** nennt man **Selbstlaute**. Jedes Wort hat mindestens einen Selbstlaut. Selbstlaute können am Anfang, in der Mitte oder am Ende eines Wortes stehen.
Beispiel Aa: **A**bend – N**a**me – Op**a**

Selbstlaute kannst du gut hören und unterscheiden. Sprich die 5 Laute deutlich aus und achte dabei auf deine Mundstellung.

Tipp!
Beobachte dich beim Sprechen im Spiegel.

14 **Laute unterscheiden**
Sprich die Wörter deutlich und male ihre Lautketten aus. Male die Selbstlaute gelb und alle anderen Laute rot aus.

Beispiel:

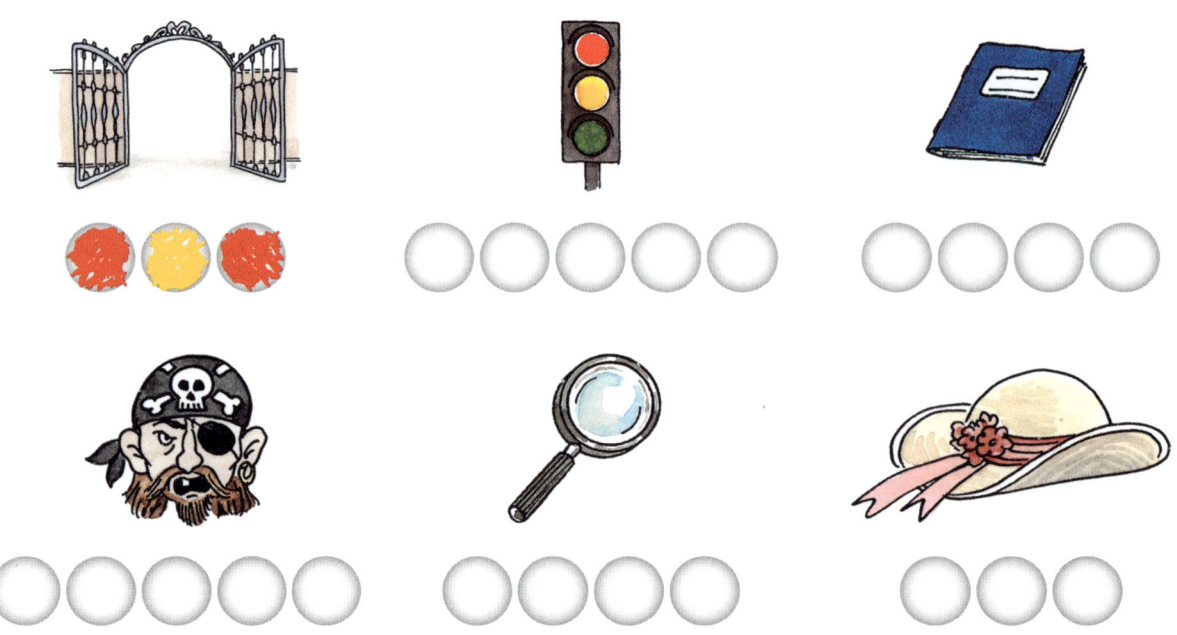

15 **Wo hörst du den Selbstlaut?**

Verbinde die Bilder mit dem passenden Fisch. Zwei Wörter enthalten den vorgegebenen Selbstlaut sogar zweimal.

16 **Selbstlaute erkennen**

a Markiere bei den folgenden Namen alle Selbstlaute.

A N N A ▪ J A N ▪ M A R I A ▪ L E O N ▪ N I K O ▪ A D A

L E N A ▪ U T A ▪ T A N J A ▪ A N T O N ▪ E L E N A

b Unterstreiche die Namen mit zwei gleichen Selbstlauten.

c Welche Namen beginnen mit dem Anfangslaut A?
Schreibe sie ab.

17 **Knobelaufgaben**

a Selbstlaute erkennen
Sprich die Wörter deutlich aus. Kreuze an, wie viele
Selbstlaute sie haben.

☒ 2 ☐ 3 ☐ 4   ☐ 2 ☐ 3 ☐ 4

☐ 2 ☐ 3 ☐ 4   ☐ 2 ☐ 3 ☐ 4

b Tierrätsel
Leon hat Tiere aufgeschrieben und dabei falsche Selbst-
laute eingefügt. Streiche den falschen Selbstlaut durch
und verbinde mit dem passenden Bild.

WOAL   FRUOSCH   WUOLF   STEORCH   FOISCH   HAUND

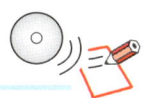

18 📀 **Diktat**

Höre dir das Diktat Nr. 5 an. Kreuze die Wörter an, bei denen du am Anfang und am Ende den gleichen Selbstlaut hörst.

Beispiel: Ada
Hier hörst du ein A am Anfang und ein A am Ende.
Mache ein Kreuz.

Beispiel: Oma
Hier hörst du ein O am Anfang und ein A am Ende.
Mache kein Kreuz.

1	2	3	4	5	6	7	8	9

19 📀 **Diktat**

Höre das Diktat Nr. 6 an. Trage die fehlenden Vokale ein.

ein st	die D s	eine H x

der g l	eine L p	der B s n

die Bl m	ein P r t	die Sch l

die M l n	ein l f nt

eine R k t	ein Kr k d l

Noch mehr Tiere – Besondere Laute

20 **au/eu/ei erkennen**

Im Zoo gibt es auch einen Bereich mit einheimischen Tieren. Anna darf dort eine Maus auf die Hand nehmen und das Gefieder einer Eule streicheln.

Sprich deutlich aus, welche Tiere die Kinder noch sehen. Welchen besonderen Laut hörst du? Schreibe ihn unter das Bild.

Besondere Laute haben mehrere Zeichen, zählen aber als **ein** Laut. Sie werden zusammen gesprochen und dürfen nicht getrennt werden. Das beste Beispiel ist das Ei. Es heißt nicht e – i, sondern **ei**. Also hat das Wort Ei nur einen Laut.
Das sind besondere Laute: **au**, **eu**, **ei**

Beispiele:

Ei – s   hat 2 Laute
Au – t – o   hat 3 Laute
L – **eu** – t – e   hat 4 Laute

Beispiel:

au

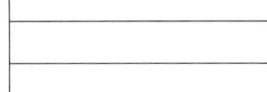      

21 ch/sch erkennen

Im Streichelzoo streicheln die Kinder weiche Schafe. Leon findet das doof. Er würde lieber einen Drachen reiten.

Weitere besondere Laute sind **ch** und **sch**. Auch sie werden zusammen gesprochen und dürfen nicht getrennt werden.

Beispiele:

B – u – **ch**   hat 3 Laute
Sch – u – l – e   hat 4 Laute

Sprich die Tiernamen deutlich aus und schreibe wieder den besonderen Laut darunter.

22 Lautketten zuordnen

Schreibe die Wörter aus den Aufgaben 20 und 21 in die passende Lautkette. Die Lautkugel mit dem besonderen Laut ist gelb.

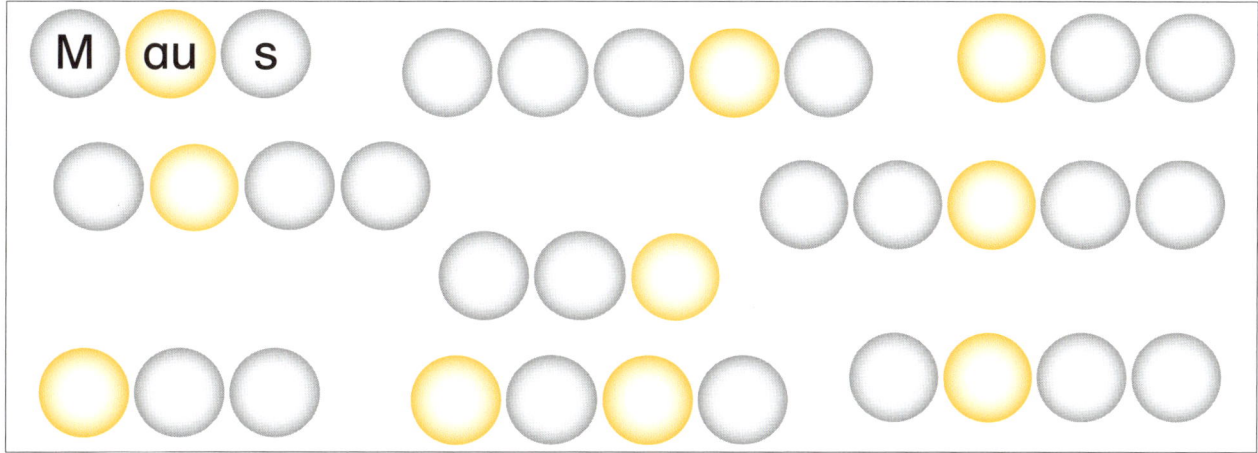

23 Was reimt sich?

Schreibe passende Reimwörter auf.

Dach – Fach,

Pfau –

Leute –

Bein –

Tasche –

24 sp/st

Anna bemerkt, dass es noch mehr besondere Laute gibt. Bei ihnen muss man gut auf die Schreibweise achten.

Auch **sp** und **st** sind besondere Laute. Am Wortanfang sprichst und hörst du sie immer als schp oder scht, schreibst aber sp und st.

Beispiele:
St – i – f – t   hat 4 Laute
Sp – i – n – a – t   hat 5 Laute

Achtung: Manchmal sprichst du sp auch in der Wortmitte als schp.

Beispiel:
G – e – **sp** – e – n – s – t   hat 7 Laute

Was versteckt sich unter den Klecksen? Passt sp oder st?
Sprich die Wörter deutlich aus und schreibe sie richtig auf.

Beispiel: ⬛erne | Sterne

🟠rauch

🔵ift

🔵inat

🟡ein

🔴orch

🟢empel

🟣ange

🟥urm

🟦arschwein

Ge🟢enst

25 Wörterschlange

Hier haben sich Wörter mit sp und st versteckt. Findest du
sie? Kreise sie ein und markiere sp und st.

GHXSPECHTNMOKSTANGEMBKMVLKHSTIRN
PBSLSPORTKBNUIMAULKSPUKBSDWESPIEL
GLINKLVERSTECKENERASPAGHETTI

26 **Knobelaufgabe**

Hier wurde einiges durcheinandergeschüttelt.
Kannst du die Wörter wieder zusammenbauen?

EI B N	A SCH L	T CH EI	B CH AU
Bein			

O K O A L SCH D E	T A R AU N S T O

ST I T F	U SP K	T SP E CH	CH R ST O

E L P M E ST	E S E T N G SP N

27 **Diktat**

Höre dir das Diktat Nr. 7 an. Du hörst immer 4 Wörter zu einem besonderen Laut. Schreibe das Wort auf, das nicht in die Reihe passt.

28 **Diktat**

Höre dir das Diktat Nr. 8 an. Sprich deutlich nach und trage die besonderen Laute in die Lücken ein.

Tipp!
Satzanfänge und Namenwörter schreibt man groß.

ne ___ le h ___ lt.

ne ___ lange zi ___ t.

ne Am ___ se ma ___ t k ___ ne L ___ te.

Sie ___ ringt l ___ se ___ f die ___ ange

und la ___ t l ___ tlos mit der R ___ pe.

29 **Diktat**

Höre dir das Diktat Nr. 9 an. Schreibe die Wörter in dein Heft. Kreise danach die besonderen Laute ein.

Beispiel:

Auf dem Spielplatz – Die Endungen -el, -er und -en

30 **Endungen erkennen**

Im Zoo gibt es auch einen großen Spielplatz. Anna saust auf der Schaukel durch die Luft. Leon entdeckt einen Bagger und einen Eimer. Er baut einen Graben.

Sprich die Spielplatz-Wörter deutlich aus und achte dabei auf das Schlawiner-e. Unterstreiche die Endungen.

Wortendungen muss man sehr deutlich aussprechen, sonst hört man sie nicht. Besonders bei den Endungen **-el**, **-er** und **-en** kann es passieren, dass man das **Schlawiner-e** verschluckt. Pass bei diesen Endungen deshalb gut auf.

Beispiele:
Schauk**el**, Eim**er**, Grab**en**

Schauk<u>el</u>   Eimer   Graben

Leiter   Kreisel   Schaufel

31 Endungen ergänzen

Hier fehlen die Endungen. Sprich die Wörter genau aus und ergänze die richtigen Endungen.

Beispiel: Apf**el**

Fed

Of

Pins

Gab

Reg

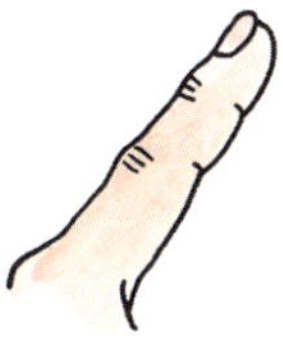

Fing

32 Wörter schreiben

Ergänze die fehlenden Wörter. Achte auf die Endungen.

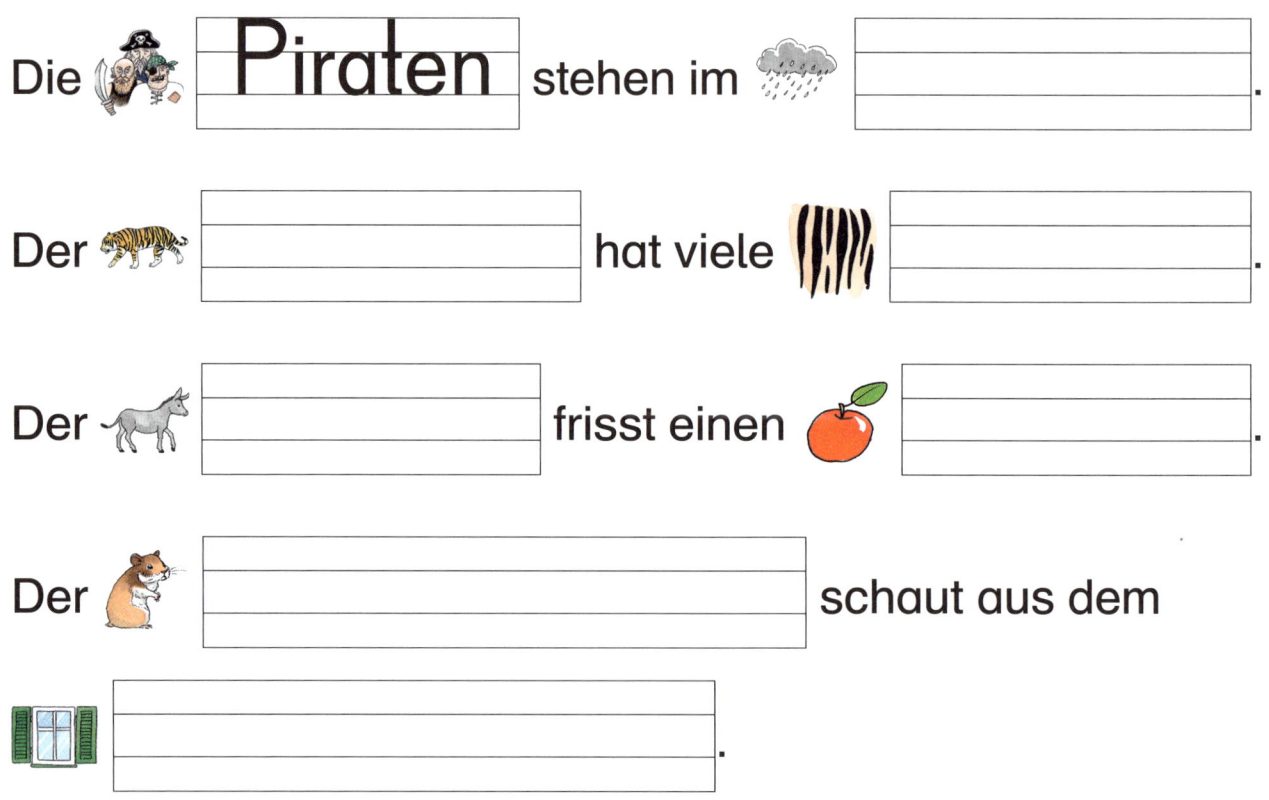

Die **Piraten** stehen im   .

Der   hat viele   .

Der   frisst einen   .

Der   schaut aus dem

                         .

33 Diktat

Höre dir das Diktat Nr. 10 an. Sprich die Wörter deutlich nach und trage die Endungen **-el**, **-en** und **-er** unten ein.

Beispiel: Brud**er** – Trage **er** ein.

1	2	3	4	5	6	7	8	9

34 Diktat

Höre dir das Diktat Nr. 11 an und schreibe es auf. Kreise danach die Endungen **-el**, **-en** und **-er** rot ein.

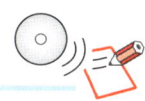

Die Roboterstimme – Silben

Auf der Heimfahrt sagt eine lustige Roboterstimme die Haltestellen an: „Nächs-ter Halt Neu-haus." Die Kinder sprechen genauso. Da fällt Anna ein Trick zum Erkennen von Silben auf.

Jedes Wort besteht aus einer oder mehreren **Silben**. In jeder Silbe ist immer ein **Selbstlaut**.

Beispiele:

Ast – Ast hat nur einen Selbstlaut, also eine Silbe.

Tafel – Tafel hat zwei Selbstlaute, also auch zwei Silben.

Silben helfen dir, alle Laute in einem Wort besser zu hören.

35 Silben erkennen

Leon probiert die Regel gleich aus. Er zählt die Selbstlaute der Dinge, die er unterwegs sieht.

Male die Selbstlaute gelb aus und kreuze an, wie viele Silben das Wort hat.

	Silben		
Ampel	☐ 1	☒ 2	☐ 3
Bremse	☐ 1	☐ 2	☐ 3
Zug	☐ 1	☐ 2	☐ 3
Laterne	☐ 1	☐ 2	☐ 3
Bus	☐ 1	☐ 2	☐ 3
Lastwagen	☐ 1	☐ 2	☐ 3

36 **Wörter trennen**

Schreibe die Wörter aus Aufgabe 35 silbengetrennt auf.

Beispiel: | Am-pel |

37 **Wörter mit besonderen Lauten trennen**

Male alle besonderen Laute grün aus und schreibe die Wörter silbengetrennt auf.

Tipp!

Besondere Laute dürfen nicht getrennt werden.

Beispiel: Auto | Au-to |

| Leute | Taube | Haus | Blaumeise | Fahrzeug |

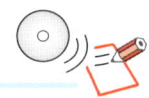

38 Silbenbogen zeichnen

Male für jede Silbe einen Silbenbogen und
ordne die Wörter nach der Silbenanzahl.

Beispiel:

Banane	Ball	Kamele	Holzleiter	Hase
Schule	Turm	Schokolade	Tinte	Tomate
Paket	Regenwurm	Limonade	Dach	

1 Silbe:

2 Silben:

3 Silben:

4 Silben:

39 **Knobelaufgaben**

a Wörter zusammensetzen

Leon schneidet Wörter auseinander und mischt
sie. Anna versucht, sie wieder zusammenzusetzen.

Verbinde die Silben. Schreibe die Wörter in dein Heft.

NAS	KRO	SAFT	TO	KO	DUSCH
KRO	ZE	MA	NE	BAUM	DIL	FEL
AP	NE	BI	BRA	HORN	KA	TEN

b Lange Wörter

Finde drei besonders lange Wörter.
Schreibe sie auf und male die Silbenbögen
dazu.

Tipp!

In deinem
Wörterbuch
findest du lange
Wörter.

Beispiel: Telefonliste

40 **Diktat**

Höre dir das Diktat Nr. 12 an. Sprich die 9 Wörter silben-
getrennt nach und schreibe sie in dein Heft. Male dann die
Silbenbögen dazu.

Eine Postkarte an Oma – Groß- und Kleinschreibung

Leon möchte seiner Oma vom Ausflug in den Zoo erzählen. Er schreibt ihr eine Postkarte. Dabei muss er Regeln beachten.

Namen von Menschen, Tieren, Pflanzen und Dingen sind **Namenwörter**. Namenwörter schreibt man **groß**. Sie haben einen Begleiter (der, die, das) und können in der Einzahl und in der Mehrzahl stehen.

Beispiele:

Einzahl: der **E**sel, die **B**lume, das **H**eft

Mehrzahl: die **E**sel, die **B**lumen, die **H**efte

41 Namenwörter erkennen

Leons Mama hat Leon Wörter für seine Postkarte aufgeschrieben. Unterstreiche die Namenwörter und markiere ihre Anfangsbuchstaben.

schlafen Ausflug nass

doof

Pause Löwe

Elefant

besuchen

hoch

fressen Eisbecher

Zoo lustig schaukeln

42 **Begleiter**

Schreibe die Namenwörter aus Aufgabe 41 mit dem richtigen Begleiter auf und setze sie in die Mehrzahl.

Einzahl

Mehrzahl

der Löwe

die Löwen

Tipp!
Achte auf die Einzahl und die Mehrzahl.

43 **Knobelaufgabe**

Unten sind waagrecht und senkrecht Wörter versteckt. Finde davon die 12 Namenwörter. Schreibe sie mit dem richtigen Begleiter in dein Heft.

M	F	W	A	Q	H	E	X	E	N	D	Q	T	P	F	L	A	U	M	E
M	R	I	U	C	V	C	U	L	Q	Y	X	M	V	L	W	J	R	T	X
P	E	D	G	U	R	Ü	B	E	N	H	Q	F	Z	U	N	G	E	Y	E
H	U	B	E	D	L	M	C	T	Z	G	V	A	X	M	U	Y	Y	R	R
L	L	Z	W	X	K	G	G	E	S	P	E	N	S	T	E	R	I	O	B
N	E	C	M	T	L	D	I	E	H	Y	L	G	M	U	Q	J	D	P	V
S	N	N	A	X	E	R	S	L	G	F	R	E	U	N	D	Y	H	H	B
W	D	K	C	T	I	T	Y	G	D	V	C	X	J	S	W	K	K	L	P
L	U	L	H	W	N	X	V	F	K	B	W	I	L	R	I	S	P	E	M
A	S	X	E	O	X	K	E	F	B	X	O	L	T	E	R	N	E	T	Ä
U	I	H	N	F	G	E	H	E	N	B	D	E	T	D	X	D	X	H	D
T	B	C	J	W	S	I	Q	O	J	S	G	T	K	Y	B	E	V	D	C
L	W	L	E	U	T	E	E	L	P	F	B	R	Ü	L	L	E	N	M	H
W	A	X	C	Y	X	R	N	G	X	V	M	J	J	W	E	Y	O	Z	E
M	Y	S	A	G	E	N	R	Y	K	L	E	T	T	E	R	N	E	N	N
M	V	N	Y	L	X	C	J	F	I	G	I	Y	O	X	S	E	H	D	T
T	M	R	T	A	S	C	H	E	N	Y	Y	A	Q	F	E	R	T	I	G
M	Y	C	R	M	E	A	E	X	Q	Y	F	I	A	H	H	O	R	X	H
G	R	A	U	F	E	N	X	Z	J	K	E	R	Z	E	N	C	I	U	Y
M	J	S	L	Q	X	X	H	W	K	S	M	T	O	W	R	P	J	Y	S

44 Satzanfänge erkennen

Leon schreibt nun Sätze auf seine Postkarte.

Auch beim Schreiben von Sätzen muss man Regeln beachten:

- **Satzanfänge** schreibt man **groß**.

- Zwischen den Wörtern lässt man Lücken.

- Am **Satzende** setzt man einen **Punkt**.

Beispiel:

| Der | Affe | isst | eine | Banane | . |

Lies Leons Postkarte. Markiere die Satzanfänge.

Liebe Oma!

Wir waren gestern mit der Klasse im Zoo. Zuerst besuchten wir die Elefanten und die Giraffen. Die Löwen haben leider geschlafen.
Im Streichelzoo fand ich es doof. Die Schafe und Ziegen wollten nur fressen. In der Pause durften wir auf den Spielplatz. Danach hatten wir alle noch ein Eis. Es war ein toller Ausflug.

Dein Leon

Inge Neumann

Tulpenweg 5

54231 Altdorf

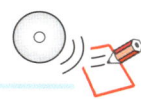
45 Satzanfänge ergänzen

Leons Oma antwortet ihm per E-Mail. Aber ein Virus hat die Satzanfänge gelöscht.
Ergänze die fehlenden Buchstaben.

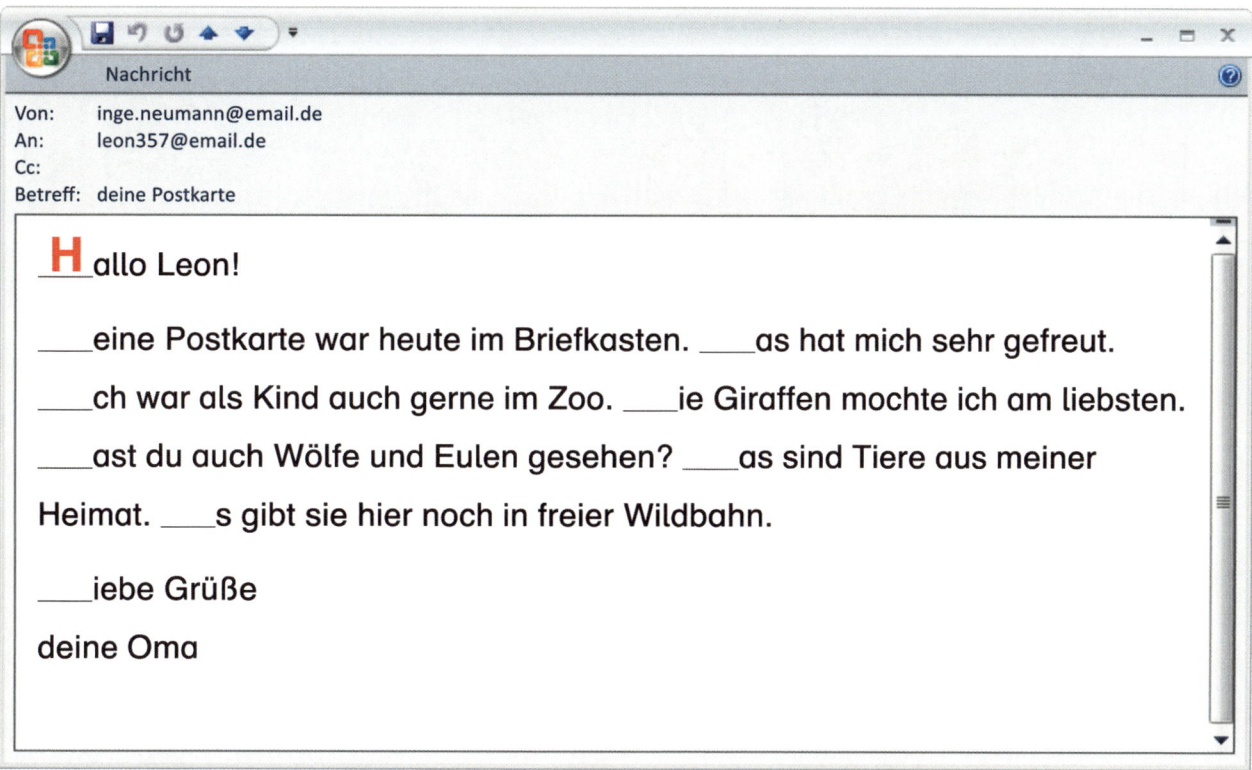

Nachricht

Von: inge.neumann@email.de
An: leon357@email.de
Cc:
Betreff: deine Postkarte

__H__allo Leon!

___eine Postkarte war heute im Briefkasten. ___as hat mich sehr gefreut.

___ch war als Kind auch gerne im Zoo. ___ie Giraffen mochte ich am liebsten.

___ast du auch Wölfe und Eulen gesehen? ___as sind Tiere aus meiner

Heimat. ___s gibt sie hier noch in freier Wildbahn.

___iebe Grüße

deine Oma

46 Einen Text verbessern

Die Kinder schreiben Steckbriefe über die Tiere aus dem Zoo. Anna beschreibt das Zebra. Doch sie schreibt alle Wörter klein!
Schreibe den Text in deinem Heft richtig auf.

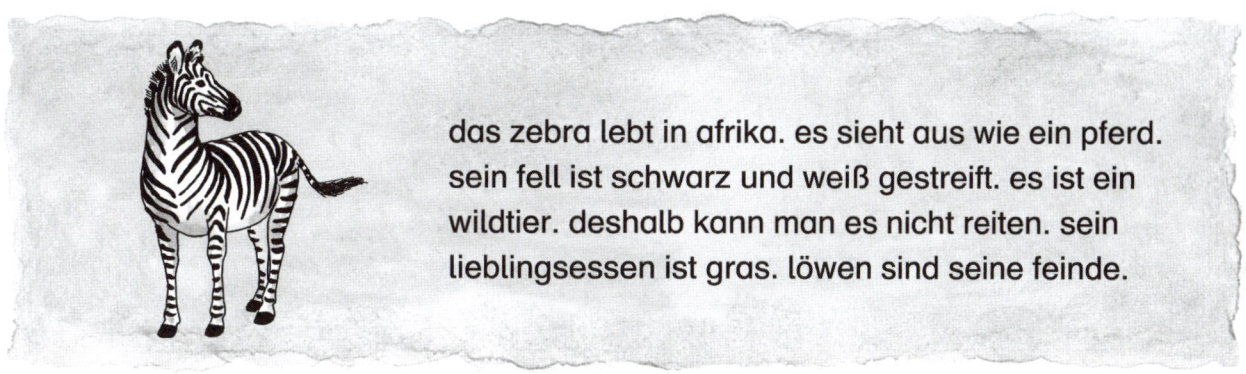

das zebra lebt in afrika. es sieht aus wie ein pferd. sein fell ist schwarz und weiß gestreift. es ist ein wildtier. deshalb kann man es nicht reiten. sein lieblingsessen ist gras. löwen sind seine feinde.

47 Sätze bilden

Schau dir das Bild genau an und bilde passende Sätze.
Schreibe sie in dein Heft. Denke dabei an den Punkt am
Satzende.

48 Diktat

Höre dir das Diktat Nr. 13 an. Sprich die Namenwörter mit
ihren Begleitern nach und schreibe sie in dein Heft.

49 Diktat

Höre dir das Diktat Nr. 14 an und schreibe es in dein Heft.